AF438122

PRIX 10 C.

LA POLICE
SOUS LE
CITOYEN CAUSSIDIÈRE
SUIVI DE
LE PEUPLE ET LES TIRE-LAINE.

CHEZ TOUS LES LIBRAIRES.

1850

SOMMAIRE.

L'ordre par le désordre. — Le feu aux Tuileries. — La chasse aux sergents de ville. — Saint-Lazare et la préfecture de police. — Le peuple et les tire-laine.

Paris. — Imprimerie Bonaventure, rue de la Harpe, 90.

LA POLICE

SOUS CAUSSIDIÈRE.

La France savait déjà qu'en l'an de grâce 1848, on faisait à Paris de l'*ordre* avec le *désordre* (1).

Il est vrai qu'à cette nouvelle inattendue, les honnêtes gens se demandèrent comment le haut fonctionnaire, chargé de veiller à la sûreté des Parisiens, s'y prenait pour obtenir ce merveilleux résultat, l'*ordre* par le *désordre;* c'est à peu près comme si l'on nous disait qu'avec les ténèbres on fait la lumière ! que d'un vil métal on retire de l'or. A l'homme qui se flatterait d'opérer un pareil miracle, on serait certes en droit de répondre : Taisez-vous, l'ami ! votre pauvre cervelle est dérangée. « Suivez le conseil que le poète Horace donnait en pareille occasion, — prenez de l'ellebore, et qu'Esculape vous guérisse ! » Oui, certes, on aurait pu donner le même conseil au citoyen Caussidière. Il n'en fut rien, on

_____

(1) Paroles du citoyen Caussidière.

voulut bien le croire sur parole : seulement les plus curieux se demandaient chaque matin :

—Comment s'y prend donc notre bon préfet de police pour faire de l'ordre avec le désordre ? nous voudrions bien le savoir !

Malheureusement, cette question quelque peu indiscrète restait sans réponse; et en ceci nous donnons complétement raison au citoyen Caussidière; quand on est propriétaire d'un secret aussi merveilleux, on aurait grandement tort de le divulguer. Faire de *l'ordre avec du désordre !* une fois le secret divulgué; tous les gouvernements auraient voulu en tâter ! et ce procédé, *d'original* qu'il était, fût devenu *trivial !*

Monsieur le préfet de police garda son secret pour lui; et depuis ce temps là, les Parisiens purent donner libre carrière à leurs suppositions, mais hélas ! il n'est point de secret si bien gardé qu'il ne soit éventé, tôt ou tard. Le pot aux roses de la rue de Jérusalem, ou l'an de grâce 1848, vient d'être découvert; et quel pot aux roses, grand Dieu !

Un livre vient de paraître, ce livre a pour titre: les *Conspirateurs,* par A. Chenu, *ex capitaine des gardes du citoyen Caussidière.* Voici comment un journal en rend compte :

« Ce livre restera comme les diableries de Callot,

» avec cette différence que Callot a fait de la fantaisie,
» et que Chenu a fait de la réalité.

Avant d'analyser ce curieux document, nous devons loyalement marquer la séparation entre les ouvriers crédules, mais honnêtes, faciles à entraîner, mais faciles à revenir, sol excellent sur lequel on sème trop souvent le mal au lieu du bien ; — et cette troupe de bandits qui emprunte ses héros à toutes les classes, ouvriers avinés, commerçants faillis, aventuriers de l'habit comme du bourgeron, artisans des révolutions, parce qu'ils n'ont pas su être artisans du travail, écume sociale qui monte à la surface dans les heures du bouleversement, comme l'écume de la mer monte au sommet de la vague.

Ces bandits, il faut que le vrai peuple les connaisse. Les voici racontés par un homme qui les a vus de près, qui a été dans leurs rangs, et qui, avec un accent de sincérité qui force la confiance, vous fait assister au sabbat révolutionnaire de la Préfecture de police et autres lieux, après la révolution de février.

Chenu vient d'installer le citoyen Étienne Arago à la direction des postes. A l'entrée de la nuit, le nouveau maître des cérémonies de la révolution se rend à la préfecture de police. Caussidière le nomme capitaine de ses gardes. Jean, valet-de-chambre à la préfecture, demande au citoyen Chenu sa protection auprès du nou-

veau préfet. « Tiens toujours un flacon de bonne eau-
» de-vie sur sa table, répond le capitaine des gardes,
» et tu verras qu'il ne pourra plus se passer de toi. » Le
conseil fut ponctuellement suivi, et l'on verra plus tard
les étranges conséquences sorties de flacon d'eau-de-
vie.

Survient un officier des pompiers ; il annonce au
préfet, qui boit déjà, que le feu est aux Tuileries :
« Qu'est-ce que ça me f...., dit Caussidière ; laissez-les
» brûler, il n'y aura plus de repaire à tyran à Paris. »

Cependant, sur l'observation du pompier que l'in-
cendie des Tuileries expose le Louvre et le Musée,
l'ordre est donné de l'éteindre.

Sobrier, Cabaigne, Grandmesnil font leur entrée
chez Caussidière. On échange des poignées de main :

« Eh bien ! dit Caussidière, nous y sommes. Ce
n'est pas plus difficile que ça. » Et tous s'étendirent
dans des fauteuils et sur des canapés ; chacun prit ses
ébats comme le font des valets en l'absence de leurs
maîtres.

Le lendemain matin, les gardes du corps de Caussidière organisent une partie de chasse au sergent de
ville :

Le poste est occupé par une nichée de sergents

de ville, me dit Devaisse; ils dorment tranquillement, et nous allons chercher de quoi les réveiller et les mettre à la porte. Ils s'armèrent donc de tout ce qui leur tomba sous la main, de baguettes de fusils, de fourreaux de sabres, de courroies qu'ils doublèrent, et de manches à balais; puis mes gaillards, qui tous avaient eu à se plaindre plus ou moins de l'insolence et de la brutalité des dormeurs, tombèrent sur eux à bras raccourci, et, pendant plus d'une demi-heure, leur infligèrent une si rude correction, que *quelques uns en furent longtemps malades.* Aux cris qu'ils poussaient, j'accourus, et ne parvins qu'avec peine à me faire ouvrir la porte, que les Montagnards, car ils prenaient déjà ce nom, avaient eu la précaution de tenir fermée en dedans.

Il eût fallu voir alors les sergents de ville se précipiter dans la cour à moitié vêtus! Ils franchissaient l'escalier d'un seul bond, et bien leur prenait de connaître les êtres de la Préfecture pour disparaître aux yeux de leurs terribles ennemis, qui les poursuivaient avec acharnement.

Après ces petites scènes préliminaires, apparaît sur le théâtre un des personnages principaux de l'orgie de la préfecture de police. Cet homme, c'est Pornin, espèce de Gargantua, qui mange un bœuf et assomme un homme, nommé par Caussidière gouverneur de Vincennes *in partibus infidelium* et vice préfet de police. Les faits et gestes de cet homme dépassent tout ce que l'imagination la plus burlesque et la plus sombre en même temps pourrait enfanter. Pornin veille sur son cher préfet comme le Porthos des mousquetaires sur Aramis :

Nous campons dans le cabinet même du secrétaire général, dont le préfet occupait l'appartement. Les uns dormaient sur les canapés et dans les fauteuils, les autres jouaient aux cartes sur le bureau et sur le guéridon.

A peine Pornin était-il entré dans la chámbre de *son ami*, que nous l'en vîmes ressortir pâle et les traits bouleversés.

— Quel malheur! quel affreux malheur! tout est perdu, s'écriait-il : notre ami Caussidière est assassiné. Je l'ai trouvé baignant dans son sang.

Quoique déjà habitués depuis quelques jours aux fausses alertes de cet ivrogne, nous nous précipitons dans la chambre du préfet, et nous l'apercevons étendu, immobile. Pornin, penché sur lui, l'appelait des noms les plus tendres, et cherchait à le soulever de terre. Tout-à-coup un grognement suivi d'un hoquet formidable nous rassura complètement, et nous pûmes reconnaître, en même temps, à l'odeur, quelle était la nature du liquide que le bon Pornin avait pris pour du sang.

Ce dernier se releva tout joyeux. — Il respire, dit-il. Fermons cette porte; que personne n'entre; ce n'est rien, je connais sa maladie, laissons-le reposer; *il en a plein son sac !*

C'est là le premier effet du fameux flacon.

Au reste, les agents suivaient l'exemple du maître, avec embellissement de violences du genre de celle-ci :

Cette nuit fut encore pleine d'agitation. Les Montagnards avaient bu à leurs amis morts pour la liberté, et ils nous amenèrent, *après les avoir roués de coups, deux marchands de vin, l'un qui leur avait refusé à boire à crédit*, et l'autre qui s'était montré assez peu patriote pour leur réclamer une somme de 8 ou 10 francs qu'ils venaient de consommer chez lui.

Pornin, en qualité de gouverneur de la Préfecture, annonce aux camarades qu'il visitera Saint-Lazare. Il s'affuble d'un chapeau à la Henri IV, surmonté d'un gigantesque plumet rouge; Pornin prend le menton des prisonnières, boit un canon avec le greffier ; puis il fait part des réflexions que lui a suggérées sa visite à Saint-Lazare.

Lorsqu'on eut quitté le greffier, on remonta en voiture, et, chemin faisant, chacun fit part des observations qu'il avait faites sur le nombre de prisonniers que pourraient contenir Saint-Lazare, et de toutes les supputations il fut conclu qu'on pourrait y *coffrer* trois mille aristos.

« Nous ferons mettre ces pauvres poulettes en liberté, dit Pornin ; sous la république, les prisons ne doivent servir que pour les *réacs*. Toi, Vitou, comme je sais que tu les soigneras bien, je t'accorde la direction de cette prison, que tu m'as demandée. Nous garderons le greffier, qui m'a l'air d'un bon *zigue*. »

Cette réflexion ne fut pas le seul fruit de la visite à Saint-Lazare. Pornin organisa, avec des habituées de cette prison, une baccanale dans les appartemens même de la préfecture.

Ici notre plume s'arrête, franchement nous ne saurions suivre l'historien au milieu de ce labyrinte ordurier dans lequel il s'engage. Les turpitudes rêvées par l'imagination malade du marquis de Sade, les détails éhontés que se permit jadis la muse audacieuse de

Suétone, toutes les saturnales de l'antiquité païenne auraient été dépassées sous les voûtes obscures de la préfecture de police. Si ce récit n'a pas été exagéré, tant pis! nous aimerions mieux que tout ceci ne fut qu'un rêve, un horrible cauchemar! Si 93 armé de ses fureurs sanglantes voila la statue de la liberté; en 1848 on *aurait* voilé la statue de la pudeur.

Si ce récit est vrai, que la France s'instruise : et qu'elle sache enfin à quelles mains fut confiée la sûreté de son immense capitale.

Une fois arrivé à la dernière page de ce livre étrange, le lecteur ne sera t-il pas en droit de dire : non, non; c'est impossible? ce que je viens de lire n'a pu exister. La sûreté de la grande cité n'a pu être confiée à des mains aussi indignes. La ville des lumières n'a pu être livrée à une horde de sauvages. La brutalité, l'ivresse; la débauche, n'ont pu ainsi se donner la main, et danser la plus hideuse des danses. Tous les diables de Callot réunis, n'auraient pu exécuter un sabbat plus hideux et plus abominable !

Le lecteur se frottera les yeux, il croira s'être trompé, et s'armant de courage, il recommencera sa lecture; arrivé une seconde fois au bout de sa tâche, il dira encore une seconde fois :

—Non, non, c'est impossible : la perversité humaine

» ne peut aller jusque là; une ville comme Paris, ne
» peut avoir été ainsi trompée. » -

Quant à nous, nous dirons comme le lecteur,—c'est
impossible, nous prions donc le citoyen Caussidière de
croire à la sincérité de nos paroles.

—Oui, nous faisons des vœux ardents pour qu'il par-
vienne à se *justifier* aux yeux des 147 mille électeurs
qui l'avaient cheisi pour représentant du peuple.

Le peuple, le vrai peuple est moral, et il veut de la
moralité dans ses représentants.

Le vrai peuple a horreur de 93, et en 93, l'orgie in-
time a précédé l'orgie publique.

La France attend la réponse du citoyen Caussidière,
et nous le repétons, nous souhaitons qu'il puisse par-
venir à se justifier.

La France attend : attendons.

Et déjà constatons un progrès, après tant de décep-
tions, le peuple commence enfin à distinguer de quel
côté sont les véritables amis de ces belles promesses qui
lui avaient été faites, que lui sera-t-il resté ? comme l'a
dit notre bon La Fontaine. -

Qu'en sort-il souvent ?
Du vent.

La *Montagne* convaincue, vient enfin d'avouer que
l'*égalité du salaire* était une absurdité, (qu'en dira

M. Louis Blanc? ceci le regarde). Espérons que que le premier aveu de la Montagne nous en vaudra bien d'autres; en tout il n'y a que le commencement qui coûte, et le chapitre des aveux est commencé.

FIN.

LE PEUPLE
ET LES TIRE-LAINE.

AIR : *Dans un grenier qu'on est bien*
(BÉRANGER).

1

Un jour, dit-on (du fait j'ai souvenance),
Peuple mouton bravement s'insurgea :
Un vieux berger connu par sa prudence
Lui tint alors le discours que voilà.
— Il est bien doux de pouvoir dans la plaine
» En liberté courir par ci par là !
» Mais prenez garde, ou bien des tirelaine *
» L'avide main sans pitié vous tondra ! »

2

Le vieux berger avait raison : ce monde
Est composé de dupes, de dupeurs ;
Les loups rusés font sans cesse leur ronde,
Et j'en connais de toutes les couleurs !
De liberté l'on parle à perdre haleine :
Tout le profit aux parleurs restera.
Partout hélas ! il est des tirelaine ;
Peuple, prends garde ou leur main te tondra.

* On avait donné le nom de TIRELAINE, à certains
ndustriels dont le talent consistait à savoir escamo-
ter le manteau de laine des passants.

3

Grands orateurs, ces marchands d'éloquence,
S'en vont donner l'éveil aux carrefours ;
Ils te diront : — Peuple dans l'indigence,
« Tu vas par moi t'enrichir pour toujours.
» Suis mes conseils : souffre que je te mène ,
» Et tu verras comme tout marchera. »
Ces beaux parleurs sont tous des tirelaine :
Peuple prends garde, ou leur main te tondra.

4

De tout flatteur redoutons le langage ;
Plus il est creux, plus il nous semble beau.
D'un ton mielleux, pour avoir son fromage,
Maître renard flatte maître corbeau !
Rien n'est changé depuis que La Fontaine,
Nous instruisait par cette fable là.
Que de renards, et que des tirlaine !
Peuple, prends garde ! ou leur main te tondra !

5

Méfions-nous de qui promet merveille,
Les faux curés font toujours faux sermons.
Voit-on jamais l'industrieuse abeille,
Quitter la ruche à la voix des frelons ?
De la prairie elle devient la reine ;
En travaillant la ruche s'emplira,
Que de frelons et que des tirelaine
Peuple, prends garde , ou leur main te tondra.

6

Un beau soleil fait oublier l'orage :
Combien alors on aime à voir le port !
Pour y rentrer redoublant de courage ,
Les matelots manœuvrent tous d'accord !
Pour enrichir la ruche plébeienne,
Travaillons tous, le miel abondera.
Mais avant tout, craignons les tirelaine :
Peuple , prends garde, ou leur main te tondra !

L. C.